Mixologická magie: Průvodce řemeslnými koktejly

100 receptů na odemknutí umění mixologie pro domácí barmany

Kamil Míka

© COPYRIGHT 2023 VŠECHNA PRÁVA VYHRAZENA

Tento dokument je zaměřen na poskytování přesných a spolehlivých informací týkajících se daného tématu a problematiky. Publikace je prodávána s tím, že vydavatel není povinen poskytovat účetní, úředně povolené nebo jinak kvalifikované služby. Je-li nutná rada, právní nebo odborná, měl by být objednán odborník s praxí v této profesi.

V žádném případě není legální reprodukovat, duplikovat nebo přenášet jakoukoli část tohoto dokumentu v elektronické nebo tištěné podobě. Nahrávání této publikace je přísně zakázáno a jakékoli uchovávání tohoto dokumentu není povoleno bez písemného souhlasu vydavatele. Všechna práva vyhrazena.

Upozornění Upozornění, informace v této knize jsou podle našeho nejlepšího vědomí pravdivé a úplné. Všechna doporučení jsou učiněna bez záruky ze strany autora nebo publikování příběhu. Autor a vydavatel se zříkají a odpovědnosti v souvislosti s použitím těchto informací

Obsah

ÚVOD 8
KOKTEJLOVÉ RECEPTY 9
   1. CAIPIRINHA 9
   2. SEX NA PLÁŽI 11
   3. MOSKVA OSL 14
   4. MARGARITA 17
   5. TEQUILA SUNRISE 19
   6. PINA COLADA 21
   7. GIN A TÓNIK 24
   8. HUGO 26
   9. MAY TAI 28
   10. ZOMBIE 30
   11. KOSMOPOLITÁN 33
   12. CAMPARI ORANGE 35
   13. KRVAVÁ MARY 37
   14. ZDARMA KUBA 39
   15. BAHAMY MAMA 41
   16. B52 44
   17. VODKA MARTINI 46
   18. VODKA SUNRISE 48
   19. GIN FIZZ 50
   20. WHISKY KYSEL 53

21. PANENSKÁ KOLADA 55

22. ESPRESSO MARTINI 57

23. Sázecí děrovačka 59

24. BELLINI 61

25. CITRONOVÁ VODKA 63

26. PLÁŽ MALIBU 65

27. APEROL KYSEL 68

28. LONDÝNSKÝ MULE 70

29. CAIPIROSKA 72

30. GIN A TÓNIK S OKURKOU 74

31. JAHODOVÉ DAIQUIRI 76

32. JAHODOVÁ KOLADA 78

33. PANNA CAIPIRINHA 80

34. AVERNA KYSEL 82

35. ŠROUBOVÁK 84

36. KOKTEJL MIMOSA 86

37. MODRÁ LAGUNA 88

38. MRAŽENÁ MARGARITA 90

39. ZIMNÍ ČERSTVOST 92

40. TROPICKÝ POMERANČ 94

41. BÍLÁ RUSKA 96

42. PLAMENÁK 98

43. DAIQUIRI 100

44. AMARETTO SAUER 102

45. VODKA KYS..104
46. RŮŽOVÝ GIN A TÓNIK..106
47. BATIDA ORANŽOVÁ..108
48. ČERNÁ RUSKA..110
49. COCO LOCO..112
50. EXOTICKÝ PUNČ..115
51. NEALKOHOLICKÁ PINYA COLADA................................117
52. SLAVNOSTNÍ ZIMNÍ PUNČ...120
53. KOKTEJL S BÍLÝM VÍNEM A ŠPERKOU VODOU.............123
54. OSVĚŽUJÍCÍ NEALKOHOLICKÉ MOJITO.........................126
55. JAHODOVÁ SANGRIA S POMERANČEM A BÍLÝM VÍNEM
....129
56. MOJITO S KIWI A AGÁVE..132
57. TRADIČNÍ ŠPANĚLSKÁ SANGRIA...................................135
58. BANÁNOVÉ DAIQUIRI...138
59. KOKTEJL DARK STORM...140
60. KOKTEJL-VČELÍ POLÍBEK...142
61. FIALOVÝ SMÍŠENÝ KOKTEJL..145
62. ČERVENÁ SANGRIA PRO DĚTI......................................148
63. JAMAJSKÝ KOKTEJL JOE..151
64. KOKTEJL LEDOVÉHO ČAJU LONG ISLAND...................154
65. KOKTEJLY BRONX...157
66. KOKTEJL SUMMER BREEZE..160
67. BANÁNOVÝ KOKTEJL COLADA.....................................163

68. KOKTEJL S SEA BREEZE 165
69. PLÁŽOVÉ KOKTEJLY 168
70. KOKTEJL KAIPIROSKA 170
71. KOKTEJL NA PÁRTY MEŘÁK 173
72. STUDENÝ PUNČ S RUMEM A POMERANČOVÝM ŠŤÁVEM 175
73. KOSMOPOLITNÍ KOKTEJL 178
74. OSVĚŽUJÍCÍ JAHODOVÁ SANGRIA 181
75. KLASICKÉ JAHODOVÉ DAIQUIRI 185
76. KOKTEJL BLOODY MARY 188
77. JAHODOVÝ KOKTEJL COLADA 191
78. OVOCNÝ KOKTEJL SE ŠAMPAŇSKÝM 193
79. NEALKOHOLICKÝ OVOCNÝ KOKTEJL 196
80. EXTÁZE KOKTEJL 198
81. DLOUHÝ NÁPOJ SE ŠAMPAŇSKÝM 200
82. ALKOHOLICKÝ KOKTEJL S HROZNOM 202
83. MELOUNOVÁ MIRAGE 204
84. KOKTEJL S OTUŽINAMI A KOŇAKY 206
85. OUZO KOKTEJL A OKURKOVÝ ŠŤÁV 208
86. ROZUMNÝ KOKTEJL S OUZO 210
87. KOKTEJL S OUZO A GINEM 212
88. ZMRZLINOVÝ KOKTEJL 214
89. ZELENÝ ŠEPOT 217
90. MLÉČNÝ OVOCNÝ KOKTEJL 219

91. KOKTEJL KOMETA 221

92. GIMLET VODKA 223

93. JABLKO MARTINI 225

94. FRANCOUZSKÝ PUNČ S ČOKOLÁDOU 227

95. JAPONSKÝ KOKTEJL Z BÍLÉ RŮŽE 230

96. MARCIPÁNOVÝ KOKTEJL 233

97. FRANCOUZSKÝ VAJECNÝ PUNCH 236

98. NÍZKÝ ALKOHOL KOKTEJL ČOKOLÁDA A MLÉKO 239

99. LEDOVÝ CITRUSOVÝ PUNČ SE ŠAMPAŇSKÝM 241

100. VEGANSKÝ NEALKOHOLICKÝ KOKTEJL S MRAŽENÝMI BORŮVKAMI 243

ÚVOD

Vítejte ve světě Mixologická magie Na těchto stránkách se vydáte na chuťovou cestu do umění výroby vynikajících koktejlů přímo v pohodlí vašeho domova. Ať už jste zkušený koktejlový nadšenec nebo úplný nováček, tato kniha je vaším pasem do vzrušující říše mixologie. Od klasických směsí po inovativní moderní zvraty, shromáždili jsme řadu receptů, které potěší vaše chuťové pohárky a zapůsobí na vaše hosty. Pojďme tedy protřepat, zamíchat a popíjet nádherný svět koktejlů

KOKTEJLOVÉ RECEPTY

1. CAIPIRINHA

přísad

- 6 cl Cachaca (Pitù)
- 1 pc soubory
- 2 PL třtinového cukru (hnědého)
- 5 lžic drceného ledu

příprava

1. Z neupravených limetek odřízněte oba konce, nakrájejte na osminky a vložte do skleněné nádoby. Potřete hnědým cukrem a paličkou vymačkejte kousky limetky.

2. Nakonec přidejte cachaca. Sklenici naplňte drceným ledem a vše dobře promíchejte. Případně přidejte špetku sodové vody a koktejl podávejte s brčkem.

2. SEX NA PLÁŽI

přísad

- 4 cl vodky
- 2 cl broskvového likéru
- 4 cl brusinkové šťávy
- 6 cl pomerančového džusu (na doplnění)
- 10 kusů kostek ledu (na šejkr a sklenici)

Ingredience na ozdobu

- 1 ks plátek pomeranče
- 1 kus plátku ananasu
- 1 KUS koktejlová třešeň

příprava

1. Naplňte šejkr 4-6 kostkami ledu a přidejte ostatní přísady, jako je vodka, broskvový likér a brusinkový džus, důkladně protřepejte.

2. Nalijte cca. 5-6 kostek ledu do sklenice na long drink nebo hurikánové sklenice a koktejl přelijte přes sítko.

3. Nakonec přelijte pomerančovou šťávou.

4. Podávejte s brčkem a plátkem pomeranče a/nebo ananasu a koktejlovou třešní.

3. MOSKVA OSL

přísad

- 5 cl vodky
- 0,5 pc souborů (stisknuto)
- 320 ml zázvorového piva na doplnění
- 10 kostek ledu

Ingredience na ozdobu

- 3 polévkové lžíce souborů
- 1 snítka máty (malá a čerstvá)

příprava

1. U Moskevského mezka nejprve zmáčkněte vápno.
2. Nalijte vodku do měděného kelímku a ihned naplňte kostkami ledu. Nyní nalijte limetkovou šťávu na led.
3. Dolijte zázvorovým pivem, jemně promíchejte barovou lžičkou.

4. Na ozdobu použijte měsíčky limetky a lístky máty.

4. MARGARITA

přísad

- 2 cl limetkové šťávy
- 1 cl pomerančového likéru
- 3 cl tequily
- 1 panák limetky na ozdobu
- 1 cena Sůl na ozdobu

příprava

1. Předchlazenou koktejlovou mísu ozdobte limetkovou šťávou a solí.

2. Naplňte koktejlový šejkr drceným ledem. Přidejte limetkovou šťávu, pomerančový likér a tequilu a důkladně protřepejte.

3. Nápoj nalijte do koktejlové mísy a ihned podávejte.

5. TEQUILA SUNRISE

přísad

- 4 cl tequily
- 1 cl citronové šťávy
- 11 cl pomerančového džusu
- 1 cl grenadiny

příprava

1. Naplňte šejkr 5 kostkami ledu, přidejte všechny ingredience kromě grenadiny a důkladně protřepejte. (15 sekund)

2. Do sklenice na long drink dejte trochu drceného ledu a slijte nápoj přes sítko. Opatrně nalijte grenadinu do sklenice přes zadní stranu lžíce.

3. Nemíchejte, počkejte, až bude sirup na dně sklenice a poté podávejte s brčkem a kolečkem citronu.

6. PINA COLADA

přísad

- 2 lžičky citronové šťávy
- 4 cl kokosový krém (nebo kokosový sirup)
- 2 cl šlehačky
- 6 cl rumu
- 8. cl Ananasový džus
- 1 plátek ananasu

příprava

1. Pro piňacoladu nejprve nakrájejte plátek ananasu na kostičky a vložte do mixéru.//
2. Přidejte ananasovou šťávu, kokosový krém (nebo kokosový sirup), rum, smetanu (tím bude koktejl ještě krémovější), přidejte citronové kapky, vše vložte do mixéru a vše dobře mixujte asi 25 sekund.

3. Hotovou piňacoladu nalijte do balonkové sklenice (efektní sklenice), naplňte drceným ledem a ozdobte plátkem čerstvého ananasu a koktejlovou třešní.

7. GIN A TÓNIK

přísad

- 4 cl ginu
- 3 ks kostky ledu
- 0,25 l tonické vody
- 1 plátek citronu nebo limetky

příprava

1. Nalijte gin do long drink sklenice s kostkami ledu a poté doplňte tonikem, pokud chcete.
2. Ozdobte měsíčkem citronu nebo limetky, kostkami ledu a brčkem.

8. HUGO

přísad

- 2 cl sirup z bezového květu
- 160 ml Prosecca
- 1 panák sody na doplnění
- 2 bl máty
- 0,5 sv. vápna

příprava

1. Hugo se obvykle podává ve sklenici šampaňského nebo červeného vína. K tomu nakrájejte limetku na klínky. Podržte prasklinu nad sklenicí, krátce zatlačte, aby do sklenice ukáplo několik kapek. Poté do sklenice vložte plátek limetky nebo přilepte na okraj sklenice.

2. Nyní přidejte sirup z bezového květu, několik lístků máty a kostky ledu. Doplňte proseccem a sodou.

9. MAY TAI

přísad

- 6 cl hnědého rumu
- 2 cl pomerančového likéru
- 1 cl cukrového sirupu
- 1 cl mandlového sirupu
- 5 cl ananasové šťávy
- 0,5 ks souborů

příprava

1. Limetku vymačkejte a šťávu s 5 kostkami ledu nalijte do šejkru. Přidejte hnědý rum, mandlový a cukrový sirup, ananasový džus a pomerančový likér a dobře protřepejte.

2. Nápoj dejte na led do long drinkové sklenice a podávejte s brčkem.

10. ZOMBIE

přísad

- 2 cl Cointreau
- 0,2 l ledové tříště
- 6 cl ananasové šťávy
- 2 cl citronové šťávy
- 4 cl pomerančového džusu
- 2 cl marakujového sirupu
- 2 cl grenadiny
- 2 cl rumu (vysoce odolný)
- 4 cl rumu (tmavý)
- 4 cl rumu (bílý)
- 1 plátek pomeranče, na ozdobu

příprava

1. Ingredience Cointreau, všechny druhy rumů, grenadinu, marakujový sirup,

pomerančový džus, citronovou šťávu, ananasový džus, s drceným ledem v šejkru silně protřepejte a sceďte do sklenice na long drink.

2. Ozdobte třešněmi a plátkem pomeranče.

11. KOSMOPOLITÁN

přísad

- 2 cl brusinkové šťávy
- 3 cl vodky
- 1 cl Cointreau
- 1 cl limetkové šťávy
- 4 kostky ledu

příprava

1. Vodku, Cointreau, limetkovou šťávu a brusinkovou šťávu protřepejte v šejkru spolu s cca. 4 kostky ledu intenzivně.

2. Sklenici na martini dáme krátce zmrazit do mrazáku. Okraj sklenice na martini potřeme limetkovou kůrou.

3. Cosmopolitan sceďte, nalijte do sklenice na martini a ozdobte koktejlovou třešní nebo měsíčkem limetky.

12. CAMPARI ORANGE

přísad

- 12 cl pomerančového džusu
- 4 cl Campari
- 5 ks kostek ledu
- 1 plátek pomeranče

příprava

1. Do sklenice na long drink nasypte kostky ledu až do poloviny sklenice.

2. Do sklenice nalijte Campari, zalijte pomerančovým džusem a zamíchejte barovou lžičkou.

3. Ozdobte plátkem pomeranče a černým brčkem a podávejte.

13. KRVAVÁ MARY

přísad

- 2 cl vodky
- cl rajčatová šťáva
- 2cl citronová šťáva
- 1 řada Tabasco
- 1 špetka worcesterské omáčky
- 1 cena papriky
- 1 prodejní cena

příprava

1. Všechny ingredience jako vodku, rajčatovou šťávu, citronovou šťávu, Tabasco, worcesterskou omáčku, sůl a pepř dejte do mixovací sklenice a dobře promíchejte a poté nalijte do staromódní sklenice.
2. Ozdobte měsíčkem citronu nebo limetky.

14. ZDARMA KUBA

přísad

- 4 cl rumu
- 2 cl citronové nebo limetkové šťávy
- 15. cl coly
- 3 ks kostky ledu
- 1 pánev citronu nebo limetky

příprava

1. Naplňte long drink sklenici kostkami ledu.
2. Do sklenice nalijte rum, citronovou nebo limetkovou šťávu a doplňte kolou. Vše dobře promíchejte.
3. Limetky nebo citrony nakrájejte na měsíčky a vložte do sklenice, podávejte s brčkem.

15. BAHAMY MAMA

přísad

- 4 cl rumu (bílý)
- 2 cl kokosového likéru
- 2 cl rumu (hnědý)
- 4 cl ananasové šťávy
- 1 cl citronové šťávy (čerstvě vymačkané)
- 4 cl pomerančového džusu
- 1 kapka grenadinového sirupu

příprava

1. Připravte si luxusní sklenici nebo long drink. Poté všechny ingredience dobře protřepejte s ledem v koktejlovém šejkru.

2. Nyní namíchaný koktejl sceďte přes sítko do libovolné sklenice.

3. Na sklenici se na ozdobu přilepí měsíček citronu nebo pěkně nařezaný kousek kůry.

16. B52

přísad

- 2 cl kávového likéru
- 2 cl Baileys
- 1 cl rumu

příprava

1. Opatrně nalijte ingredience přes zadní stranu lžičky do sklenice na aperitiv – nejprve kávový likér, poté Baileys a nakonec rum (vysoká odolnost).

2. Přilévejte pomalu, aby se ingredience nesmíchaly a nevytvořily ve sklenici tři různé vrstvy.

3. Hotový nápoj zapalte zapalovačem, ihned podávejte, nezapomeňte na brčko, abyste se nepopálili (nebo si předem sfouknete plamen).

17. VODKA MARTINI

přísad

- 5 cl vodky
- 1 cl suchého vermutu
- 1 ks zelené olivy, na ozdobu

příprava

1. Kostky ledu, vodku a pelyněk dejte do míchací sklenice a promíchejte míchadlem. (netřást!)

2. Koktejlovou misku předchlaďte v mrazáku, do sklenice vložte zelenou olivu a zbylé množství sceďte do koktejlové sklenice a podávejte.

18. VODKA SUNRISE

přísad

- 1 výstřel Grenadiny
- 6 cl vodky
- 12 cl pomerančového džusu

příprava

1. Do sklenice na long drink dejte vodku, pomerančový džus a led a dobře promíchejte.

2. Poté pomalu a opatrně přilévejte grenadinu tak, aby se objevil krásný barevný gradient.

19. GIN FIZZ

přísad

- 5 cl ginu
- 3 cl citronu (vymačkaná šťáva)
- 2cl sirupového cukru
- St. kostky ledu na sklo
- 150 ml sodové vody na doplnění
- 2 kousky citronu na ozdobu

příprava

1. Pro šumění ginu nejprve vymačkejte citron. Poté gin, kostky ledu, citronovou šťávu a cukrový sirup intenzivně protřepávejte v koktejlovém šejkru po dobu až 1 minuty.

2. Nyní vložte čerstvé kostky ledu do připravené long drink sklenice nebo balónkové sklenice. Silně protřepaný

nápoj se nyní scedí do sklenice. Nakonec dolijte sodovou vodou.

3. Krátce promícháme a podáváme s měsíčky citronu ve skle a snítkou rozmarýnu.

20. WHISKY KYSEL

přísad

- 3 cl citronové šťávy
- 5 cl skotské whisky
- 2 cl sirupového cukru

příprava

1. Whisky s citronovou šťávou a cukrovým sirupem dobře protřepejte s několika kostkami ledu v šejkru.

2. Sceďte do sklenice s pár kostkami ledu a ozdobte měsíčky citronu.

21. PANENSKÁ KOLADA

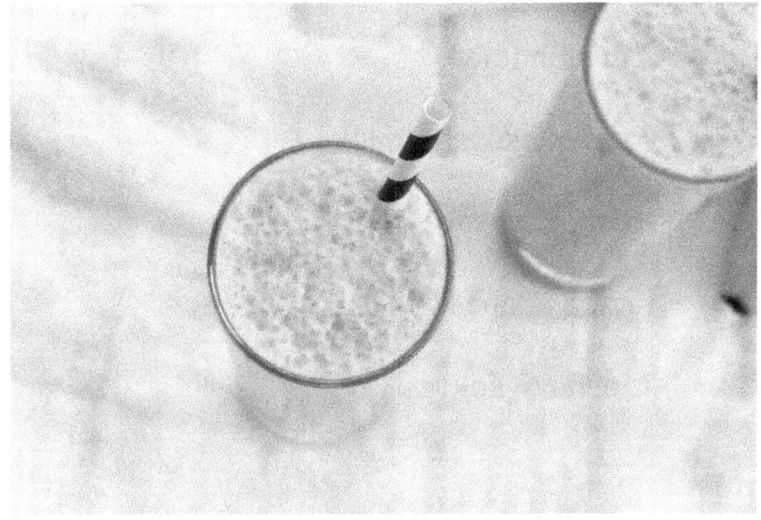

přísad

- 2 cl šlehačky
- 4 cl kokosového mléka
- 16 cl ananasové šťávy
- 1 lžíce ananasu
- Třešňový koktejl

příprava

1. Nejprve v šejkru dobře promíchejte šlehačku, kokosové mléko a ananasovou šťávu.

2. Poté to celé dejte do velké sklenice a podle chuti přidejte kostky ledu.

3. Nakonec ozdobte plátkem ananasu nebo medového melounu a třešní a deštníkem.

22. ESPRESSO MARTINI

přísad

- 50 ml vodky
- 25 ml kávového likéru
- 25 ml espressa
- 3 ks kávových zrn na ozdobu
- 5 kusů kostek ledu do šejkru

příprava

1. Pro espresso martini přidejte vodku, kávový likér a espresso do šejkru s kostkami ledu. Důrazně protřepejte.

2. Nápoj nalijte do sklenice na martini, ozdobte kávovými zrny a podávejte.

23. Sázecí děrovačka

přísad

- 2 cl limetkové šťávy
- 8 cl pomerančový džus
- 5 cl rumu, hnědý
- 1 cl grenadiny

příprava

1. Naplňte koktejlový šejkr 5 kostkami ledu. Do šejkru dejte grenadinu, limetkovou šťávu, pomerančovou šťávu a rum a vše intenzivně protřepávejte asi 15 sekund.

2. Vložte čerstvé kostky ledu do long drinkové sklenice a háček přelijte přes sítko.

3. Ozdobte kolečkem ananasu, kolečkem citronu, koktejlovou třešní, slámou a deštníkem.

24. BELLINI

přísad

- 0,5 st broskve
- 1 panák prosecca
- 1 lžička broskvového likéru

příprava

1. Kousek broskve rozmixujte v mixéru a sceďte přes sítko do mixovací sklenice.
2. Ovocné pyré opatrně smíchejte s likérem a ledově vychlazeným Proseccem.
3. Do sklenice lze přidat i kousek broskve jako další ozdobu pro dokonalé Bellini.

25. CITRONOVÁ VODKA

přísad

- 4 cl vodky
- 1 cl limetkové šťávy
- 1 špetka hořkého citronu

příprava

1. Do sklenice na long drink dáte dvě kostky ledu, přidáte nejprve vodku a poté limetkovou šťávu.

2. Poté promíchejte barovou lžičkou a doplňte hořkým citronem. Ozdobte několika plátky limetky.

26. PLÁŽ MALIBU

přísad

- 5 cl pomerančového džusu
- 4 cl nektar z mučenky
- 2 cl mandlového sirupu
- 4 cl Malibu
- 2 cl grenadiny
- 3 cl ananasové šťávy
- 2 cl citronové šťávy

Příprava

1. V šejkru dobře promíchejte ananasovou šťávu, marakujový nektar, citronovou šťávu a pomerančovou šťávu.

2. Poté přidejte mandlový sirup a grenadinu a také několik kostek ledu a znovu protřepejte a nalijte do koktejlové sklenice.

3. A nakonec koktejl zalijte Malibu.

27. APEROL KYSEL

přísad

- 5 cl Aperolu
- 3 cl citronové šťávy (čerstvě vymačkané)
- 2 cl pomerančové šťávy (čerstvě vymačkané)
- 1 cl cukrového sirupu

příprava

1. Ingredience dobře protřepejte v šejkru.
2. Připravte si sklenici a naplňte ji 2-3 kostkami ledu. Poté pomocí sítka opatrně nalijte zaháknutý nápoj do sklenice.
3. Ve sklenici ozdobte polovinou plátku pomeranče.

28. LONDÝNSKÝ MULE

přísad

- 0,5 limetky (šťáva)
- 6 cl London Dry Gin
- 9 cl zázvorového piva
- 1 Schb Lime (dekorace)

příprava

1. Vymačkejte půlku limetky a šťávu nalijte spolu s kostkami ledu do highball / long drink sklenice.
2. Zalijte ginem, zamíchejte a doplňte zázvorovým pivem.
3. Na okraj sklenice položte jako ozdobu plátek limetky.

29. CAIPIROSKA

přísad

- 5 cl vodky
- 1 pc soubory
- Kostky ledu sv
- 3 lžíce třtinového cukru

příprava

1. Do sklenice dejte vodku s limetkou a třtinovým cukrem a dobře promíchejte.

2. Vložte kostky ledu do sklenice a přidejte limonádu. Na ozdobu použijte měsíček citronu nebo limetky.

30. GIN A TÓNIK S OKURKOU

přísad

- 4 cl ginu
- 200 ml tonické vody
- 6 Schb Salátová okurka se slupkou
- 3 ks kostky ledu

příprava

- Do sklenice dejte kostky ledu a gin.
- Okurku nakrájíme na plátky.
- Přidejte kousky okurky a zalijte je tonikem.

31. JAHODOVÉ DAIQUIRI

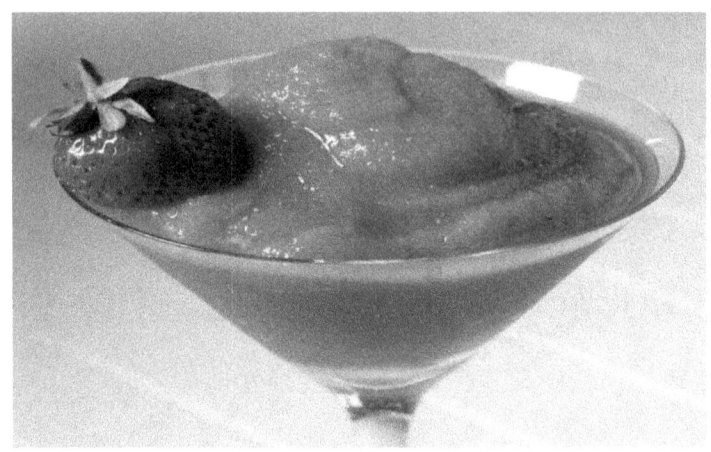

přísad

- 4 cl rumu
- 2 cl limetkové šťávy (čerstvě vymačkané)
- 2 cl jahodového likéru
- 8. Svaté jahody (malé)
- 3 lžíce drceného ledu

příprava

1. Trochu drceného ledu s jahodami nasekejte v mixéru nadrobno. Poté přidejte zbývající ingredience a dobře promíchejte.
2. Nápoj nalijte do koktejlové sklenice a podávejte s černým brčkem.
3. Ozdobte kousky jahod a lístkem máty na okraji sklenice.

32. JAHODOVÁ KOLADA

přísad

- 6 cl bílého rumu
- 10 cl ananasové šťávy
- 2 cl citronové šťávy
- 6 cl jahodový sirup
- 4 cl kokosového sirupu

příprava

1. Kostky ledu, ananasovou a citronovou šťávu, kokosový a jahodový sirup a bílý rum dobře promíchejte a promíchejte.

2. Naplňte balónkovou sklenici kostkami ledu a nápojem a na okraj sklenice nalepte speciální hvězdicový ananas nebo čerstvou jahodu jako ozdobu.

33. PANNA CAIPIRINHA

přísad

- 1 pc soubory
- 2 panáky zázvorového piva na doplnění
- 0,5 lžíce třtinového cukru (hnědého)

příprava

1. Limetě nejprve odřízněte konce, poté limetku nakrájejte na osminky a vložte do vysoké sklenice. Na kousky limetky rozetřeme třtinový cukr a paličkou na kousky rozmačkáme třtinový cukr.
2. Naplňte sklenici drceným ledem.
3. Dolijte zázvorovým pivem, promíchejte. Do sklenice vložte mátu jako ozdobu nebo použijte klínek limetky na okraj sklenice.

34. AVERNA KYSEL

přísad

- 4 cl Averna
- 2 cl čerstvě vymačkané citronové šťávy
- 2 ks kostky ledu

příprava

1. Smíchejte Avernu a citronovou šťávu ve sklenici.
2. Přidejte kostky ledu a v případě potřeby ozdobte měsíčkem citronu.

35. ŠROUBOVÁK

přísad

- 4 cl vodky
- 10 cl pomerančového džusu
- Kostky ledu sv

příprava

1. Smíchejte kostky ledu, vodku a pomerančový džus na ledu ve sklenici.
2. Ozdobte třešní a plátkem pomeranče.

36. KOKTEJL MIMOSA

přísad

- 1 Spr Triple Sec likér
- 7.cl šampaňského (typ výběru)
- 7 cl pomerančového džusu
- 0,25 ks plátku pomeranče na ozdobu

příprava

1. Nalijte šampaňské a pomerančový džus do studené sklenice na šampaňské.
2. Nápoj završte trochou likéru Triple Sec.
3. Plátek pomeranče rozčtvrťte a kousek přilepte na okraj sklenice jako ozdobu.

37. MODRÁ LAGUNA

přísad

- 8 cl ananasové šťávy
- 4 cl rumu, bílý
- 3 cl Blue Curacao
- 1ks ananas

příprava

1. Do sklenice na long drink dejte 2-3 kostky ledu. Zalijte ananasovou šťávou a rumem, zamíchejte barovou lžičkou a opatrně vlijte Blue Curacao do nápoje a přestaňte míchat.

2. Na okraj sklenice nalepte jako ozdobu spirálovitou kůru z citronu.

38. MRAŽENÁ MARGARITA

přísad

- 3 cl limetkové šťávy
- 2 cl pomerančového likéru
- 4 cl tequily
- 1 základní přeskok

příprava

1. Limetkovou šťávu, pomerančový likér, sůl a tequilu míchejte s drceným ledem v mixéru po dobu 3 minut.

2. Poté nalijte do koktejlové sklenice a ozdobte limetkou.

39. ZIMNÍ ČERSTVOST

přísad

- 1 cl grenadiny
- 2 cl Orgeat (mandlový sirup)
- 7 cl pomerančového džusu
- 4 cl ananasové šťávy
- 2 cl limetkové šťávy

příprava

1. Smíchejte ananasový a pomerančový džus, grenadinu, limetkovou šťávu a orgeat s několika kostkami ledu ve sklenici na long drink.
2. Nápoj podávejte s brčkem a plátkem pomeranče.

40. TROPICKÝ POMERANČ

přísad

- 3 cl pomerančového likéru
- 2 cl ginu
- 4 cl grapefruitové šťávy
- 6 cl pomerančového džusu
- Kostky ledu sv

příprava

1. Gin, grapefruitový džus, pomerančový likér a pomerančový džus důkladně protřepejte v šejkru s několika kostkami ledu.

2. Sceďte přes sítko na kostky ledu ve sklenici na long drink nebo balónkové sklenici. Podávejte s plátky pomeranče nebo ananasu a koktejlovou třešní.

41. BÍLÁ RUSKA

přísad

- 3 cl šlehačky
- 3 cl vodky
- 3 cl kávového likéru

příprava

1. Smetanu ušleháme do pěny, 5 kostek ledu dáme do mixovací sklenice, přidáme vodku a kávový likér a dobře promícháme.

2. Celé to přelijte přes cedník do sklenice a na ozdobu přidejte šlehačku.

42. PLAMENÁK

přísad

- 6 cl pomerančového džusu
- 1 cl marakujového sirupu
- 1 cl citronové šťávy
- 1 cl mandlového sirupu
- 1 cl grapefruitové šťávy
- 3 ks kostky ledu
- 1 panák grenadiny

příprava

1. V šejkru důkladně protřepejte pomerančový džus, marakujový sirup, grenadinu, citronovou šťávu, mandlový sirup a grapefruitovou šťávu.

2. Nápoj sceďte a nalijte do long drink sklenice na čerstvé kostky ledu a ozdobte měsíčkem citronu.

43. DAIQUIRI

přísad

- 5 cl bílého rumu
- 3 cl citronové šťávy
- 2 cl sirupového cukru
- 5 lžic drceného ledu

příprava

1. Do šejkru dejte bílý rum, citronovou šťávu a cukrový sirup a důkladně protřepejte.//
2. Nápoj sceďte přes sítko do předem vychlazené koktejlové mísy, podávejte „naostro", tedy bez ledu ve sklenici a měsíčku citronu na okraji sklenice.

44. AMARETTO SAUER

přísad

- 5 cl amaretto
- 3cl pomerančového džusu
- 3cl citronové šťávy

příprava

1. Všechny ingredience dejte do koktejlového šejkru, přidejte kostky ledu a dobře protřepejte.

2. Připravte si sklenici tumbleru a přes sítko nalijte háček na několik kostek čerstvého ledu.

3. Do sklenice se jako dekorace vkládá měsíček citronu.

45. VODKA KYS

přísad

- 5 cl vodky
- 2 cl sirupového cukru
- 3 cl citronové šťávy
- 3 kousky citronu na ozdobu

příprava

1. Všechny ingredience protřepejte v šejkru s kostkami ledu. Poté nalijte do sklenice tumbler.
2. Ve sklenici ozdobte kolečky citronu.

46. RŮŽOVÝ GIN A TÓNIK

přísad

- 2 cl růžového ginu
- 100 ml tonické vody
- 1 ks kostka ledu (velká)
- 3 kusy jalovcových plodů

příprava

1. Do velké koktejlové sklenice dejte kostky ledu, bobule jalovce a gin.
2. Přelijte tonikem a podávejte ledově vychlazené.

47. BATIDA ORANŽOVÁ

přísad

- 6 cl pomerančového džusu
- 2 cl kokosového likéru (Batida de Coco)
- 2 cl šlehačky
- 2 cl bílého rumu

příprava

1. Naplňte koktejlový šejkr 5 kostkami ledu. Přidejte specifikované ingredience, zavřete šejkr a intenzivně protřepávejte po dobu 15 sekund.

2. Do sklenice na long drink vložte dvě kostky ledu a slijte nápoj přes sítko.

3. Ozdobte libovolným ovocem, například plátky jablka, ve sklenici ananas.

48. ČERNÁ RUSKA

přísad

- 4 cl vodky
- 2 cl kávového likéru

příprava

Do sklenice tumbler vložte 2 kostky ledu, přidejte přísady vodky a kávového likéru, zamíchejte a podávejte.

49. COCO LOCO

přísad

- 4 cl bílého rumu
- 3 cl ginu
- 3 cl tequily
- 2 cl Batida de Coco
- 5 cl kokosového krému
- 2 cl citronové šťávy
- 15 cl ananasové šťávy

příprava

1. Do šejkru s několika kostkami ledu nalijte ananasový džus, Batida de Coco, kokosový krém, gin, tequilu, bílý rum a citronovou šťávu a důkladně protřepejte.
2. Nápoj sceďte přes sítko do balónkové sklenice s drceným ledem.

3. Podávejte s brčkem a okraj sklenice ozdobte ananasem nebo jahodou.

50. EXOTICKÝ PUNČ

přísad

- cl nektar z mučenky
- 4 cl pomerančového džusu
- 4 cl grapefruitové šťávy
- 4 cl ananasové šťávy
- 2 cl mangového sirupu

příprava

1. Smíchejte ananas, grapefruit a pomerančový džus, mangový sirup a marakujový nektar a přidejte do šejkru s ledem.

2. Sklenici na long drink naplňte kostkami ledu a sceďte na ni množství ve tvaru háčku. Ozdobte lístkem máty nebo kolečkem ananasu.

51. NEALKOHOLICKÁ PINYA COLADA

Nezbytné produkty

- banány - 2 ks.
- ananas - 300 g konzerv
- moučkový cukr - 20 g
- kokosové mléko - 300 ml
- kokosové hobliny
- ananasový džus - 2 lžičky
- kokosový sirup - 1 lžička
- led - 100 g drcený

Příprava

1. Smíchejte dohromady ananas, banán, moučkový cukr, kokosové mléko, ananasový džus, kokosový sirup a led.

2. Rozložte směs do koktejlových sklenic a podle potřeby posypte kokosovými hoblinami.

3. Nealkoholické koktejly ozdobte ananasem, banánem nebo kokosovými lupínky.

4. Pokud se vám nezdají dost sladké, můžete přidat ještě moučkový cukr.

5. Vychutnejte si tuto nealkoholickou Pinya Coladu.

52. SLAVNOSTNÍ ZIMNÍ PUNČ

Nezbytné produkty

- jablečná šťáva - 200 ml
- pomerančový džus - 200 ml
- bílé víno - 250 ml
- čaj - 300 ml ovoce nebo bylinek
- rum - 100 ml tm
- jablka - 1 ks.
- pomeranče - 1/2 ks.
- hnědý cukr - 1 polévková lžíce.
- zázvor - 4 plátky
- hřebíček - 4 hřebíky
- skořice - 2 tyčinky
- badyán - 1 hvězdička

Příprava

1. Uvařte si čaj dle vlastního výběru, sceďte a dejte stranou.
2. Nalijte víno do velkého kastrolu a přidejte skořici, hřebíček, zázvor, anýz a hnědý cukr.
3. Dovnitř nalijte šťávu a ovoce nakrájejte na kousky.
4. Směs by se neměla vařit.
5. Do velké mísy nalijte čaj, teplou směs a rum.
6. Hotový punč rozmixujte a podle chuti dochuťte ještě hnědým cukrem a rumem.
7. Vychutnejte si tento nápoj během chladných svátků.
8. Slavnostní zimní punč je velmi chutný.

53. KOKTEJL S BÍLÝM VÍNEM A ŠPERKOU VODOU

Nezbytné produkty

- perlivá voda - 80 ml
- bílé víno - 150 ml Chardonnay
- citrony - 1/2 ks.
- led - 4 polévkové lžíce.
- cukr - na rolování citronové kůry
- indris - 1 malý list
- kumquaty - mini pomeranč

Příprava

1. Škrabkou na brambory oloupeme polovinu citronové kůry.
2. Mini pomeranč nakrájejte na kolečka a rozdělte je do sklenic na víno.
3. Rozložte drcený led a nalijte víno a sodu navrch.

4. Citronovou kůru rozdělíme na proužky, předem obalíme v cukru.

5. Tyto alkoholické koktejly případně ozdobte listy indrishe.

6. Koktejl s bílým vínem a perlivou vodou je velmi chutný a osvěžující.

54. OSVĚŽUJÍCÍ NEALKOHOLICKÉ MOJITO

Nezbytné produkty

- vápno - 1 kus
- perlivá voda - 75 ml
- máta - 8 okvětních lístků
- hnědý cukr - 2 lžičky.
- led - 250 ml (drcený)
- limetková šťáva - čerstvě vymačkaná

Příprava

1. Připravte si středně velkou sklenici.
2. Vložte do ní omyté lístky máty. Nalijte hnědý cukr a limetkovou šťávu, začněte jemně mačkat, aby se uvolnilo mátové aroma.
3. Naplňte drceným ledem a dovnitř vložte plátky limetky. Nalijte sycenou vodu a jemně promíchejte nealkoholický koktejl.

4. Ozdobte mátou a plátkem limetky, ihned podávejte.

5. Osvěžující nealkoholické mojito je hotové.

55. JAHODOVÁ SANGRIA S POMERANČEM A BÍLÝM VÍNEM

Nezbytné produkty

- pomeranče - 3 ks.
- bílé víno - 750 ml
- bobule - 300 gramů
- perlivá voda - 300 ml
- led
- hnědý cukr - 4 polévkové lžíce.

Příprava

1. Nakrájejte jahody a jeden pomeranč. Z dalších 2 pomerančů slijeme šťávu.

2. Nalijte cukr s bílým vínem do hluboké mísy. Míchejte, dokud se krystalky cukru nerozpustí.

3. Zalijeme sodovkou a přidáme nakrájenou kaši a jahody.

4. Promíchejte a uložte misku sangrie do lednice.

5. Po několika hodinách můžete servírovat přidáním kostek ledu.

6. Jahodová sangria s pomeranči a bílým vínem je hotová.

56. MOJITO S KIWI A AGÁVE

Nezbytné produkty

- perlivá voda - 330 ml
- kiwi - 4 dobře zralé plody
- máta - 8 + více na ozdobu
- agávový sirup - 2 polévkové lžíce
- limetková šťáva - 30 ml
- led - 400 gramů

Příprava

1. Led rozdrťte nebo rozdrťte v mixéru. Nesekejte to moc.
2. Nalijte led do 4 šálků.
3. Kiwi oloupeme a nakrájíme, poté smícháme s limetkovou šťávou a mátou. Nalijte agávový sirup a znovu promíchejte.

4. Výslednou směs rozdělte do sklenic s ledem a přidejte vodu sycenou oxidem uhličitým. Promíchejte a ozdobte nealkoholické nápoje čerstvou mátou.

5. Mojito ihned podávejte s kiwi a agáve.

57. TRADIČNÍ ŠPANĚLSKÁ SANGRIA

Nezbytné produkty

- máta - čerstvé listy
- sprite - 150 ml
- citron fanta - 200 ml
- fanta pomeranč - 200 ml
- šumivé víno - 700 ml
- brandy - 40 ml
- pomerančový likér - 40 ml
- bobule - 4 ks.
- kiwi - volitelné
- citron - 1 ks.
- oranžová - 1 ks.
- jablko - 1 ks.
- broskev - volitelné

Příprava

1. Smíchejte všechny tekutiny ve velké nádobě.

2. Ovoce nakrájejte na kousky – trochu si můžete odložit na ozdobu.

3. Vložte je spolu s lístky máty do džbánu.

4. Domácí sangrii dobře promíchejte, aby se všechny chutě promíchaly.

5. Před podáváním přidejte do skleněných pohárů kostky ledu.

6. Okraje ozdobte odloženými kousky ovoce a vychutnejte si tento luxusní nápoj.

7. Tradiční španělská Sangria je velmi chutná a příjemná pro horké letní dny.

58. BANÁNOVÉ DAIQUIRI

Nezbytné produkty

- banánový likér - 100 ml
- bílý rum - 100 ml
- limetková šťáva - 50 ml
- led - 2 kostky

Příprava

1. Do šejkru se dvěma kostkami ledu nalijte banánový likér, rum a limetkovou šťávu.
2. Silně prošlehejte šejkrem, dokud led úplně nerozpustí.
3. Banánový daiquiri koktejl nalijte do vychlazené sklenice.

59. KOKTEJL DARK STORM

Nezbytné produkty

- zázvorové pivo - 100 ml
- rum - 100 ml
- citronová šťáva - 50 ml
- led - 3 kostky

Příprava

1. Do šejkru s kostkou ledu nalijeme zázvorové pivo, rum a citronovou šťávu.
2. Důkladně protřepejte, dokud led neroztaje.
3. Hotový koktejl nalijte do sklenice se dvěma kostkami ledu.
4. Pokud chcete, můžete přidat plátek citronu a ozdobit koktejl rumem.
5. Osvěžte se koktejlem Dark Storm!

60. KOKTEJL-VČELÍ POLÍBEK

Nezbytné produkty

- rum - 100 ml bílý
- med - 1 polévková lžíce. kapalina
- kokosové mléko - 100 ml
- led - 2 kostky

Příprava

1. Do šejkru se dvěma kostkami ledu nalijte bílý rum 1 polévková lžíce. med (med by měl být tekutý) a kokosové mléko.
2. Šejkr pevně uzavřete a intenzivně šlehejte, dokud led neroztaje.
3. Vezměte si sklenici dle vlastního výběru, okraj přejeďte plátkem citronu a ponořte do cukru.
4. Nalijte koktejl a případně ozdobte plátkem citronu.

5. Polibek včelího koktejlu je skvělý pro přivítání hostů.

61. FIALOVÝ SMÍŠENÝ KOKTEJL

Nezbytné produkty

- vodka - 60 ml
- černý malinový likér - 60 ml
- brusinkový džus - 80 ml
- kokosové mléko - 1 lžička.
- led - 3 kostky
- citronová kůra - na ozdobu

Příprava

1. Do šejkru dejte jednu kostku ledu, vodku, likér, černou malinu, brusinkovou šťávu a pořádně protřepejte, dokud led v šejkru neroztaje.

2. Hotový party koktejl přelijte do vhodné sklenice s trochou ledu.

3. Pomocí lžíce velmi opatrně nalijte navrch kokosové mléko.

4. Pokud chcete, můžete koktejl Purple Mist ozdobit citronovou kůrou.

62. ČERVENÁ SANGRIA PRO DĚTI

Nezbytné produkty

- borůvkový džus - 100 ml
- jahodová šťáva - 100 ml
- malinová šťáva - 300 ml
- cukr - 50 gramů
- sprite - 250 ml
- pomerančová šťáva - 250 ml čerstvě vymačkané
- citronová šťáva - 100 ml čerstvě vymačkané
- citrony - 1/2 ks.
- grenadiny - 2 - 3 polévkové lžíce.
- led - asi 20 velkých kostek

Příprava

1. Polovinu ledu rozemelte v mixéru při vysoké rychlosti. Pokud nemáte mixér,

můžete přidat kostky ledu, ale stačí použít menší.

2. Slijeme všechny šťávy – jahodovou, malinovou, citronovou, pomerančovou a borůvkovou. Přidejte cukr, sodu a grenadinu. Míchejte, dokud se cukr nerozpustí.

3. Citron nakrájejte nadrobno a nasypte do džbánu se zbylým ledem. Zalijte je ovocnou tekutinou a promíchejte.

4. Sangrii ihned podávejte.

63. JAMAJSKÝ KOKTEJL JOE

Nezbytné produkty

- Jamajský rum - 50 ml
- likér - 50 ml Tia Maria
- likér - 50 ml právník
- drcený led
- grenadiny - 8 kapek
- muškátový oříšek - na posypání

Příprava

1. Bohatá a ostrá chuť jamajského rumu se překvapivě dobře mísí se sladkostí likérů tia maria a advokát.

2. Do ledového šejkru jsme dali jamajský rum, likér tia maria a právníka. Dobře prošlehejte až do úplného vychladnutí.

3. Přidejte grenadinu a nalijte do vychlazené koktejlové sklenice.

4. Lehký koktejl Jamaica Joe posypte čerstvě nastrouhaným muškátovým oříškem.

64. KOKTEJL LEDOVÉHO ČAJU LONG ISLAND

Nezbytné produkty

- vodka - 50 ml
- gin - 25 ml
- tequila - 25 ml stříbra
- rum - 25 ml sv
- likér - 12, 5 ml zelené máty
- citronová šťáva - 50 ml
- likér - 1 polévková lžíce. cukrový sirup
- Coca-Cola - podle chuti
- limetka - na ozdobu

Příprava

1. Tento retro koktejl pochází z dob Suchého režimu, kdy se pil ve sklenicích, aby oklamal CIA.

2. Vodku, gin, tequilu, rum, mátu, citronovou šťávu a cukrový sirup nalijte do šejkru a velmi intenzivně protřepejte.

3. Přidejte led a počkejte, až veškerá tekutina vychladne.

4. Nalijte do vysoké sklenice plné ledu a doplňte autem.

5. Hotový koktejl Long Island Ice Tea ozdobíme plátkem limetky.

6. Velmi svěží koktejl na letní párty.

65. KOKTEJLY BRONX

Nezbytné produkty

- gin - 50 ml
- pomerančový džus - 25 ml
- vermut - 12, 5 ml suchého
- vermut - 12, 5 ml sladké

Příprava

1. Stejně jako Manhattan se i newyorský Bronx, stejně jako řeka toho jména, nechal zvěčnit v koktejlových barech po celém světě.

2. Gin, pomerančový džus, suchý a sladký vermut dejte do mixovací sklenice plné ledu.

3. Pořádně promíchejte a přeneste domácí koktejl do vychlazené koktejlové sklenice.

4. Vyzkoušejte tuto světovou klasiku, totiž koktejl Bronx.

5. V žádném případě není horší než manhattanský koktejl.

66. KOKTEJL SUMMER BREEZE

Nezbytné produkty

- brusinkový džus - 50 ml
- ananasová šťáva - 50 ml
- vodka - 50 ml
- led
- tonikum
- ananas - na ozdobu

Příprava

1. Brusinkový džus je ideální pro míchání osvěžujících koktejlových kombinací. Chuťově není tak výrazná jako brusinka, ale ovocná chuť je cítit.

2. V šejkru smíchejte brusinkovou šťávu, ananasový džus, vodku a led a dobře protřepejte. Čekáme, až tato lahodná směs vychladne.

3. Nalijte do vysoké sklenice a dolijte tonikem dle libosti.

4. Hotový koktejl Summer Breeze ozdobíme plátkem limetky a už si můžeme pochutnávat.

67. BANÁNOVÝ KOKTEJL COLADA

Nezbytné produkty

- led - rozbitý
- bílý rum - 100 ml
- ananasová šťáva - 200 ml
- malibu - 50 ml
- banány - 1 oloupaný a nakrájený na plátky

Příprava

1. K vypití (snězení) tohoto koktejlu budete potřebovat víc než brčko.
2. Drcený led vložte do mixéru a přidejte bílý rum, ananasový džus, malibuto a nakrájený banán .
3. Šlehejte do hladka a poté nalijte bez míchání do vysoké vychlazené sklenice.
4. Úžasný koktejl Banana Colada.

68. KOKTEJL S SEA BREEZE

Nezbytné produkty

- vodka - 40 ml
- brusinkový džus - 12,5 ml
- led
- šťáva z růžového grapefruitu - podle chuti

Příprava

1. Růžový grapefruitový džus je mnohem sladší a rafinovanější než jeho světlejší příbuzný, takže je ideální pro míchání do koktejlů, kde chcete jen mírnou ostrost.

2. Smíchejte led, vodku a brusinkovou šťávu a počkejte, až dobře vychladne.

3. Nalijte do vychlazené sklenice highball a dolijte šťávou z růžového grapefruitu dle chuti.

4. S koktejlem Sea Breeze se okamžitě přeneseme na pláž.

69. PLÁŽOVÉ KOKTEJLY

Nezbytné produkty

- bílý rum - 50 ml
- gin - 50 ml
- ananasová šťáva - 50 ml
- led - rozbitý

Příprava

1. Pokud od vaší poslední dovolené uplynula dlouhá doba, přivolejte modrou oblohu Floridy a surfařský příboj s tímto slunečním koktejlem.

2. Vložíme do šejkru s ledovým bílým rumem, ginem a ananasovou šťávou.

3. Důkladně protřepejte, dokud tekutina zcela nevychladne.

4. Nalijeme do vychlazené koktejlové sklenice a můžeme si vychutnat skvělý koktejl Palm Beach.

70. KOKTEJL KAIPIROSKA

Nezbytné produkty

- limetka - 1 kus (nakrájený na 6 částí)
- moučkový cukr - 3 polévkové lžíce.
- vodka
- led - rozbitý

Příprava

1. Toto je opravdu svěží verze vodky a limetky. Pokud se vám zdá velmi silný, přidejte více cukru podle chuti.

2. Plátky limetky a moučkový cukr dejte do malé sklenice a plátky rozdrťte, aby pustily šťávu, aby se smíchaly s cukrem.

3. Přidejte vodku a doplňte až po okraj drceným ledem.

4. Nyní jsme připraveni otestovat toto pokušení zvané Kaipiroska koktejl.

5. Pro maximální efekt - pijte koktejl brčkem.

71. KOKTEJL NA PÁRTY MEŘÁK

Nezbytné produkty

- meloun - 10 lžiček. chlazené
- kokosová voda - 150 ml
- limetková šťáva - 5 lžic.
- vodka - 300 ml citrusů
- led - 5 kostek

Příprava

1. Meloun nakrájíme na malé kousky a očistíme od semínek.
2. Do mixéru dáme očištěný meloun, kokosovou vodu, limetkovou šťávu, vodku a kostky ledu.
3. Šlehejte na maximum 2-3 minuty, hotový letní koktejl přeceďte přes cedník a nalijte do vhodných sklenic.

72. STUDENÝ PUNČ S RUMEM A POMERANČOVÝM ŠŤÁVEM

Nezbytné produkty

- pomeranče - 2 ks.
- voda - 600 ml
- rum - 100 ml nebo podle chuti (bílý)
- hřebíček - 4 hřebíky
- muškátový oříšek - 2 špetky
- skořice - 1 tyčinka
- led - volitelné, k podávání
- cukr - nebo med na doslazení (volitelně)

Příprava

1. Pomeranč oloupeme a nastrouháme. Zalijte vodou a přidejte skořici, hřebíček a muškátový oříšek. Vařte 5 minut, nechte úplně vychladnout a přeceďte.

2. Z obou pomerančů vymačkáme šťávu a smícháme s bílým rumem, jehož množství se může lišit podle vaší chuti.

3. Smíchejte obě tekutiny a podle potřeby oslaďte. Ovocný koktejl podávejte s kostkami ledu nebo bez nich, jak chcete.

4. Aby se stal opravdovým aromatickým punčem, je důležité dodržet kroky uvedené v receptu – odvar by se měl použít hned po vychladnutí a alkohol přidat až na závěr, aby neztratil své aroma a kvality. Šťáva by měla být také čerstvě vymačkaná, ne předem.

5. Studený punč s rumem a pomerančovým džusem se tradičně podává v kelímcích s ouškem na kovovém podnosu nebo stojánku a nezapomeňte dát lžičku.

73. KOSMOPOLITNÍ KOKTEJL

Nezbytné produkty

- vodka - 40 ml
- triple sec - 20 ml
- limetová šťáva - 20 ml čerstvé
- brusinková šťáva - 20 ml
- led
- pomerančová slupka

Příprava

1. Tento růžový koktejl má hořkou chuť, která uhasí každou žízeň.

2. Do šejkru nalijte vodku, triple sec likér, čerstvou limetkovou šťávu a brusinkovou šťávu. Všechny tekuté ingredience dobře prošlehejte spolu s ledem, dokud nevychladnou.

3. Přecedíme do dobře vychlazené koktejlové sklenice.

4. Ozdobíme zakroucenou krustou a hotový Cosmopolitan koktejl můžeme podávat.

5. Klasický alkoholický koktejl na párty.

74. OSVĚŽUJÍCÍ JAHODOVÁ SANGRIA

Nezbytné produkty

- bílé víno - 1 láhev, Chardonnay broskev a mango,
- bobule - 800 g
- likér z lesních jahod - 1/2 ČL, používám domácí
- hnědý cukr - 1 lžička, neúplná
- perlivá voda - 500 ml.
- toaleta - 1 kan
- soubory - 2 ks.
- květy růže - 1 hrst (Rosa damascena)
- balzám - čerstvé stonky
- bílý bez - 1 - 2 květenství
- led - 7 kostek

Příprava

1. Do pánve dáme 1/3 jahod - očištěných a nakrájených na kostičky.

2. Smíchejte je s hnědým cukrem a vodou.

3. Zbytek ovoce rozpůlíme a necháme v misce.

4. Pracujeme při střední teplotě, mícháme, dokud se cukr nerozpustí a ovoce se rozvaří.

5. Sundejte z ohně a sirup preceďte přes sítko.

6. Zbylé ovoce můžete přidat do jahodového krému, pěny nebo je smíchat s mascarpone a smetanou na dezert.

7. Do vysoké mísy nalijte víno, přidejte jahodový likér, jahodový sirup, 1 limetkovou šťávu a plátky druhého citrusu, květy růže a bílého černého bezu a 2-3 snítky meduňky.

8. Dobře promíchejte a dejte do lednice, nejlépe na 2-3 hodiny.

9. Před podáváním sangrii nalijte tekutinu do džbánu, přidejte jahody, plátky limetky, lístky máty a kostky ledu.

10. Nepřehánějte je, abyste nápoj nezředili.

11. Jahodovou sangrii podávejte studenou a ochlaďte vášně za horkých letních večerů.

75. KLASICKÉ JAHODOVÉ DAIQUIRI

Nezbytné produkty

- rum - 40 ml bílý
- soubory - 1 ks. džus
- bobule - 6 ks.
- cukrový sirup - 1 polévková lžíce.
- led - 3 - 4 kostky

Příprava

1. Jahody se umyjí a rozdrtí.
2. Kostky ledu se rozlámou a spolu s rozmačkanými jahodami, limetkovou šťávou a cukrovým sirupem se vloží do šejkru.
3. Dobře protřepejte, dokud nebude hladká, poté nalijte osvěžující koktejl do koktejlové sklenice.
4. Jahodové daiquiri je zdobené lístky máty a jahodami.

5. Užijte si ty nejlepší chvíle léta s naším receptem na klasické jahodové daiquiri!

76. KOKTEJL BLOODY MARY

Nezbytné produkty

- Worcestershire omáčka - 5 ml
- tabasco omáčka - 5 ml
- vodka - 50 ml
- suché sherry - 5 ml
- rajčatová šťáva - 6 polévkových lžic.
- citronová šťáva - 1/2 citronu
- sůl - 1 špetka
- horká červená paprika - 1 špetka

Příprava

1. Tato klasika byla vynalezena v roce 1921 v legendárním Harry's Bar v Paříži.

2. Worcestrovou omáčku a omáčku Tabasco dejte do šejkru na trochu drceného dřeva a poté přidejte vodku.

3. Přidáme také suché sherry, rajčatovou šťávu a nakonec citronovou šťávu. Důkladně protřepejte, dokud nevychladne.

4. Rajčatový koktejl nalijte do vysoké koktejlové sklenice, přidejte špetku celerové soli a špetku feferonky.

5. Alkoholický koktejl ozdobte řapíkatým celerem a plátkem citronu.

6. Nyní si můžeme vychutnat tento klasický koktejl Bloody Mary.

77. JAHODOVÝ KOKTEJL COLADA

Nezbytné produkty

- rum - 30 ml
- likér - z jahod 30 ml
- jahody - čerstvé 6 ks.
- zakysaná smetana - 30 g
- citronová šťáva - 20 ml

Příprava

1. Ingredience koktejlu vložte do elektrického mixéru a míchejte 5-6 sekund.

2. Nalijte do koktejlové sklenice a ozdobte čerstvou jahodovou Coladou

78. OVOCNÝ KOKTEJL SE ŠAMPAŇSKÝM

Nezbytné produkty

- vodka - 25 ml
- pyré - 20 ml jahod
- šťáva - 25 ml citronu
- šťáva - 10 ml malin
- šťáva - 10 ml černého rybízu
- cukrový sirup - 10 ml
- Šampaňské
- led
- jahody - na ozdobu
- citrony - na ozdobu

Příprava

1. Všechny ingredience dejte do šejkru a poté přidejte led.

2. Směs dobře protřepejte a nalijte do sklenice.

3. Na ozdobení koktejlu přidejte nakrájené jahody a citron.

4. Hurá do tohoto ovocného koktejlu šampaňského!

79. NEALKOHOLICKÝ OVOCNÝ KOKTEJL

Nezbytné produkty

- pomerančový džus - 50 ml
- šťáva - 50 ml z grapefruitu
- citronová šťáva - z ½ citronu
- led
- listy máty
- maliny - na ozdobu

Příprava

1. Na dno sklenice dejte led a lístky máty.
2. Lehce se rozmazávají.
3. Šťávy smíchejte v šejkru a dobře protřepejte.
4. Nalévají se na led.
5. Nápoj podáváme s malinami.

80. EXTÁZE KOKTEJL

Nezbytné produkty

- gin - 50 ml
- malibu - 30 ml
- likér - 20 ml vodního melounu
- šťáva - 100 ml ananasu

Příprava

1. Ingredience na koktejl se smíchají a dobře promíchají.
2. Nalijte do koktejlové sklenice.
3. Přidejte plátek limetky a oloupaný pomeranč.
4. Případně se přidá drcený led a podává se koktejl extáze.

81. DLOUHÝ NÁPOJ SE ŠAMPAŇSKÝM

Nezbytné produkty

- koňak - 20 ml
- zpěv - 20 ml
- Šampaňské
- žloutky - 1 ks.
- muškátový oříšek

Příprava

1. Žloutek se vloží do šejkru. Přidejte koňak a Cointreau.

2. Obsah se rozdrobí a nalije do hluboké sklenice, která se zalije šampaňským.

3. Koktejl posypte čerstvě nastrouhaným muškátovým oříškem.

82. ALKOHOLICKÝ KOKTEJL S HROZNOM

Nezbytné produkty

- vodka - 50 ml
- citronová šťáva - 20 ml
- cukrový sirup - 20 ml
- hrozny - 5 zrn, černé
- máta - 5 listů
- led

Příprava

1. Hrozny a lístky máty se rozdrtí a přecedí.
2. Přidejte zbývající ingredience a dobře promíchejte.
3. Koktejl podávejte ve vysoké sklenici plné drceného ledu.

83. MELOUNOVÁ MIRAGE

Nezbytné produkty

- meloun - 100 g
- vápno - ½ ne.
- tequila - 100 g
- perlivá voda - 50 ml
- cukr - 1 polévková lžíce.

Příprava

1. Meloun se nakrájí na malé kostičky a rozdrtí.

2. Sceďte a přidejte tequilu, sodu, cukr a vymačkaný citron.

3. Vložte velké množství ledu a podávejte v koktejlové sklenici. Pohár lze ozdobit cukrem a ovocem.

84. KOKTEJL S OTUŽINAMI A KOŇAKY

Nezbytné produkty

- ostružiny - 250 g
- zmrzlina - 4 kuličky
- čerstvé mléko - 500 ml
- koňak - 1 šálek
- cukr - 2 lžičky.

Příprava

1. Ostružiny rozmačkejte, přidejte zmrzlinu, studené mléko, koňak a cukr.
2. Prošlehejte mixérem a ihned podávejte.

85. OUZO KOKTEJL A OKURKOVÝ ŠŤÁV

Nezbytné produkty

- ouzo - 1/3 dílu
- okurková šťáva - 1/3 dílu
- limonáda - 1/3 dílu
- ledové kostky
- okurky - 1/4 ks.

Příprava

1. Smíchejte 1/3 dílu ouzo, 1/3 dílu okurkové šťávy a 1/3 dílu limonády, přidejte kostky ledu a poháry ozdobte kousky okurky.

86. ROZUMNÝ KOKTEJL S OUZO

Nezbytné produkty

- ouzo - 1/3 dílu
- gin - 1/3 dílu
- sherry - 1/2 lžičky.
- limonáda - 1/3 dílu
- ledové kostky

Příprava

1. Smíchejte 1/3 ouzo, gin a limonádu s 1/2 lžičky. sherry a kostky ledu a podávejte.

87. KOKTEJL S OUZO A GINEM

Nezbytné produkty

- ouzo - 1/4 dílu
- gin - 1/4 dílu
- Campari - pár kapek
- pomerančový džus - 1/2 dílu
- pomeranče - 1 ks.
- ledové kostky

Příprava

1. Nalijte do koktejlových sklenic ozdobených tenkým plátkem pomeranče, rozmixovanou pomerančovou šťávou (1/2 dílu), 1/4 dílu ouzo a ginu, pár kapkami Campari a kostkami ledu.

88. ZMRZLINOVÝ KOKTEJL

Nezbytné produkty

- zmrzlina - 50 g zakysané smetany
- zmrzlina - 20 g ananasu
- likér - 40 ml bobkového listu
- zakysaná smetana - 50 ml
- whisky - 20 ml
- čokoláda - 1 kus
- kokosové hobliny
- led

Příprava

1. Likér, whisky, smetanu a šťávu vyšleháme v ledovém šejkru.

2. Okraje koktejlových sklenic jsou navlhčeny a roztaveny v kokosových hoblinách, aby se přilepily.

3. Nápoj se nalije do sklenic a navrch se položí rovná vrstva zmrzliny. Posypeme strouhanou čokoládou.

89. ZELENÝ ŠEPOT

Nezbytné produkty

- vodka - 50 ml
- cukrový sirup - 20 ml
- limetková šťáva - 20 ml
- máta - 6 listů
- Šampaňské
- led

Příprava

1. Listy máty se smíchají s cukrovým sirupem a šťávou ze zeleného citronu.
2. Směs se šlehá na třepačce a poté se filtruje.
3. Nalijte do sklenice a přidejte šampaňské.
4. Koktejl zdobí lístky máty.

90. MLÉČNÝ OVOCNÝ KOKTEJL

Nezbytné produkty

- čerstvé mléko - 100 ml
- vejce - 1 ks.
- želé - 60 g jahod

Příprava

1. Smíchejte mléko, želé a vejce a míchejte mixérem 1 minutu.

2. Hotový nealkoholický koktejl podávejte vychlazený na 12 - 15 stupňů.

91. KOKTEJL KOMETA

Nezbytné produkty

- čerstvé mléko - 100 ml
- vejce - 1 ks.
- černý čaj - 40 ml silný nálev, studený
- med - 20 g

Příprava

1. Mléko, vejce, med a uvařený černý čaj minutku šlehejte mixérem.
2. Koktejl ochlaďte na 12-15 stupňů a podávejte.

92. GIMLET VODKA

přísad

- 4 cl vodky
- 2 cl limetkové šťávy
- 3 ks kostky ledu

příprava

1. Vodku, limetkovou šťávu a kostky ledu protřepejte a prosáté nalijte na čerstvé kostky ledu do předem vychlazené koktejlové mísy.

2. Ozdobte měsíčkem limetky a ihned podávejte.

93. JABLKO MARTINI

přísad

- 2 cl Galliano
- 2 cl Jablečný likér, kyselé jablko
- 4.cl Vodka, Absolut Citron
- 1 cl melounového likéru
- **1 Schb Apple**

příprava

1. Ingredience melounový likér, vodka, jablečný likér, Galliano se 3 kostkami ledu dobře protřepejte v šejkru a přecezené nalijte do předem vychlazené koktejlové mísy.
2. Ozdobte plátkem jablka.

94. FRANCOUZSKÝ PUNČ S ČOKOLÁDOU

Nezbytné produkty

- koňak - 30 ml
- smetana - 100 ml tekutiny
- čerstvé mléko - 150 ml
- křepelčí vejce - 5 ks. žloutky
- med - 4 lžičky.
- čokoláda - 20 g přírodní
- sušenky - 1 ks. měkký

Příprava

1. Křepelčí žloutky smícháme s medem a smetanou. Přidejte mléko a koňak.
2. Směs se zahřívá na mírném ohni za stálého míchání, aniž by se nechala vařit.
3. Po zhoustnutí rozdělte do 2 ohnivzdorných hrnků.

4. Čokoláda se nastrouhá ve velkém, sušenky se rozdrtí.

5. Každý nápoj je ozdoben strouhanou čokoládou a drcenými sušenkami a ihned podáván.

95. JAPONSKÝ KOKTEJL Z BÍLÉ RŮŽE

Nezbytné produkty

- zázvor - 1 špetka suchého
- čaj - 2 sáčky jasmínu
- med - 2 lžičky.
- vanilka - 1 ks.
- saké - 200 ml
- růže - 4 ks. okvětní lístky bílé

Příprava

1. Svařte 200 mililitrů vody a dejte do nich jasmínový čaj. Po 4 minutách vyjměte a přidejte med.

2. Dobře promíchejte, dokud se med úplně nerozpustí. Přidejte vanilku a zázvor a směs znovu promíchejte, aby se koření rozpustilo.

3. Přidejte saké a směs zahřívejte bez varu. Podává se ihned ve sklenicích a do

každého nápoje jsou vloženy 2 okvětní lístky bílé růže.

96. MARCIPÁNOVÝ KOKTEJL

Nezbytné produkty

- citrony - 1 ks.
- marcipán - 50 g hotové směsi
- koňak - 40 ml
- vejce - 2 ks. žloutky čerstvé
- jablečná šťáva - 200 ml
- čerstvé mléko - 50 ml
- lískové ořechy - 20 g mleté
- Led - 4 kostky

Příprava

1. Citron se rozpůlí, šťáva se vymačká. Okraje 2 sklenic rozpusťte ve šťávě, poté v zemi rozpusťte lískové ořechy, abyste získali na okrajích krásné zdobení.

2. Marcipánovou směs dejte do mixéru, přidejte citronovou šťávu a koňak.

3. Rozbije se za 15 sekund. Přidejte žloutky a studené mléko. Přeruší se na dalších 10 sekund. Do každé sklenice vložte 2 kostky ledu a zakryjte směsí.

4. Přidejte jablečný džus a ihned podávejte.

97. FRANCOUZSKÝ VAJECNÝ PUNCH

Nezbytné produkty

- vejce - 8 ks. žloutky
- citrony - 1 ks.
- cukr - 1 lžička.
- černý čaj - 1 litr louhovaného
- vanilka - 1 ks.
- koňak - 50 ml

Příprava

1. Citron se umyje a nakrájí na kolečka bez slupky. Přidejte do černého čaje, zamíchejte, přidejte vanilku a 5 minut vařte. Scedíme a necháme 30 minut pod pokličkou.

2. Žloutky ušleháme s cukrem do běla, přidáme čaj a za stálého míchání svaříme krémovou řídkou hmotu.

3. Sundejte z plotny a žehlete 10 minut, aby rychleji vychladla. Přidejte koňak, směs rozdělte do šálků a podávejte horké.

98. NÍZKÝ ALKOHOL KOKTEJL ČOKOLÁDA A MLÉKO

Nezbytné produkty

- čerstvé mléko - 300 ml
- čokoláda - 50 g přírodní
- čokoláda - 50 g mléka
- vodka - 40 ml
- hnědý cukr - 2 polévkové lžíce.
- led - 1 hrst nalámaná

Příprava

1. Oceňována je přírodní a mléčná čokoláda. Na mírném ohni zahřejte mléko a přidejte nastrouhanou čokoládu.

2. Zahřívejte za stálého míchání, dokud se úplně nerozpustí. Přidejte hnědý cukr, dobře promíchejte. Přidejte vodku a stáhněte z ohně. Dobře promíchejte.

3. Rozdělte led do 4 šálků, nalijte čokoládovou směs a ihned podávejte.

99. LEDOVÝ CITRUSOVÝ PUNČ SE ŠAMPAŇSKÝM

Nezbytné produkty

- pomeranče - 8 ks.
- citrony - 8 ks.
- šampaňské - 750 ml

Příprava

1. Ovocná šťáva se vymačká, nalije do velké mísy a nechá se v mrazáku za míchání každých 20 minut.

2. Když se směs změní na zmrzlinu, přidejte šampaňské a nechte v mrazáku dalších 30 minut.

3. Podávejte přímo z mísy, každou vloženou lžící do širokých sklenic.

100. VEGANSKÝ NEALKOHOLICKÝ KOKTEJL S MRAŽENÝMI BORŮVKAMI

Nezbytné produkty

- voda - 400 ml
- borůvky - 200 g zmrazené
- sójové mléko - 200 ml
- Med - 4 lžičky

Příprava

1. Voda se smíchá se sójovým mlékem. Promícháme a přidáme med. Směs jemně míchejte, dokud se med úplně nerozpustí.

2. Do této směsi vsypeme mražené borůvky a vše rozmačkáme nebo rozdrtíme v mixéru, dokud nezpění.

3. Podávejte v předem vychlazených sklenicích.

Závěr:

Zatímco zvedáme sklenice a připíjíme na konec tohoto mixologického dobrodružství, doufáme, že jste si užili každý doušek a objevili radost z vytváření výjimečných koktejlů. Pamatujte, že mixologie je umění a jako každé řemeslo vyžaduje cvik a trpělivost. S každým receptem, který jste prozkoumali, jste se nejen naučili vyrábět lahodné nápoje, ale také jste odhalili tajemství vyvážení chutí, prezentace a kouzla ozdob. Pokračujte tedy v experimentování, inovaci a radosti ze světa koktejlů. Hurá na vaši mixologickou cestu a ať je váš domácí bar vždy plný kreativity a nejlepších lihovin!

www.ingramcontent.com/pod-product-compliance
Lightning Source LLC
Chambersburg PA
CBHW071315110526
44591CB00010B/900